NOTES

LES ENSEIGNES, LE COMMERCE ET L'INDUSTRIE

EN SAINTONGE ET EN AUNIS

« Où il n'y a pas d'églises, disait Victor Hugo, je regarde les enseignes ; pour qui sait visiter une ville, les enseignes ont un grand sens. » Il est peut-être un peu tard pour suivre ce conseil du grand poète ; bien des types curieux ont disparu ; interrogeons cependant les vieillards, relevons nos anciennes enseignes dans les minutes des notaires et les registres paroissiaux, et glanons un peu partout pour terminer le travail commencé dans la *Revue*.

On lit dans le *Gaulois* du 4 novembre 1896 :

« Les débats de la dernière session d'assises de la Vendée ont révélé l'existence, à Luçon, d'une auberge dont l'enseigne tout à fait moyenageuse porte cette mention : *Aux quatre à craindre*, avec au-dessous la représentation d'un *chat*, d'un *singe*, d'une *femme* et d'un *juge*. »

Paradis de Moncrif, Champfleury, Baudelaire et vingt autres ont écrit sur les chats, sujet inépuisable. Nous avons déjà vu plusieurs fois cet intéressant quadrupède sur nos enseignes saintongeaises. Celles des barbiers qui rasaient aujourd'hui pour de l'argent et demain pour rien me rappellent une anecdote qui a été racontée en prose et en vers. Un moine mendiant, qui avait la barbe longue et la bourse vide, entra chez un barbier et lui demanda s'il voulait le raser gratis, la recette de la journée n'ayant pas été bonne. Le barbier y consentit d'assez mauvaise grâce, savonna très sommairement le visage du patient et y fit une entaille à chaque coup de rasoir. Pendant cette opération, un chat qui était dans l'arrière-boutique se mit à crier comme si on l'eût écorché vif.

« — Qu'est cela ? dit le barbier. Qui est-ce qui bat mon chat ? »

— Vous ne voyez donc pas, reprit le moine, que c'est un pauvre chat qu'on rase g...atis. »

Le singe, qui fait bien dans les enseignes satiriques, a donné lieu à un joli rébus, qui a peut-être été réédité en Saintonge. Un mercier parisien avait fait peindre sur son enseigne un singe vêtu d'une robe de batiste. Légende : *A Saint Jean-Baptiste.*

Il y a environ quinze ans, j'avais pris à Barbezieux des notes sur une enseigne d'auberge de la place du Château qui rappelait celle de Luçon. Cette enseigne étant très entamée par la vétusté, j'ai voulu savoir où elle en était, et un de nos nouveaux collègues, mon honorable ami M. Darolle, a bien voulu m'envoyer les renseignements qu'on va lire et qui montrent par un exemple curieux comment les enseignes naissent, se transforment et meurent.

Un sieur Lerche, normand, né à Verneuil (Eure), après avoir travaillé trois ans à Paris comme employé des pompes funèbres, vint s'établir à Barbezieux en 1868, et, voulant que l'enseigne de l'auberge qu'il allait fonder sortit de l'ordinaire, s'adressa à un peintre, nommé Mauxion, qui habitait derrière le château, près du *Berceau musical.* Celui-ci, se conformant à l'inspiration de son nouveau client, lui peignit une enseigne divisée en deux parties. La plus élevée représentait le château de Barbezieux entouré de verdure et un paysan coiffé d'un bonnet de coton, affublé d'un long col, vêtu de bure, le bâton à la main, semblant se diriger vers l'auberge et portant sur le dos une hotte contenant une femme, un singe et un chat. Légende : *A la hotte remplie de malice.* Aujourd'hui les intempéries ont complètement effacé la hotte ; c'est à peine si on distingue le château ; quant au paysan qui, dans la pensée de Lerche, représentait un Normand, il est encore assez visible.

La partie inférieure porte cette inscription : *Petit restaurant du Château tenu par Lerche menuisier. Meubles en tous genres.* A chaque extrémité, il y a un médaillon : dans celui de gauche on lit : *Assurance contre la soif* ; dans celui de droite on lisait primitivement : *Cercueils façon Paris pour 1re classe.* Les voisins de Lerche lui répétaient sans cesse :

« Quand ferez-vous mon cercueil façon Paris ? »

Le menuisier qui ne s'était pas attendu à cette *scie* fit remplacer l'inscription par celle-ci : *On loge à pied.* Il est mort en 1893.

Pour être juste envers la plus belle moitié du genre humain, il nous faudra, après avoir reproduit les enseignes qui nous montrent la femme malicieuse, décrire celles qui célèbrent ses vertus, notamment la patience, à l'instar de celle d'un barbier de Paris qui représentait une femme savonnant un nègre, avec cette inscription : *Au temps perdu.*

Il n'est pas besoin de connaître l'enseigne de Luçon pour savoir que, de tout temps, les conteurs, chansonniers, peintres d'enseignes et faiseurs de nouvelles à la main se sont égayés aux dépens de la justice et de ses auxiliaires. On connaît cette légende sur saint Yves, patron des avocats, entré en paradis par surprise. Saint Pierre, qui s'en aperçoit un peu tard, veut le faire sortir et reçoit cette réponse : « Je ne sortirai qu'après sommation par ministère d'huissier. » Saint Pierre cherche un huissier et n'en trouve pas en paradis.

Je cite de mémoire un passage des *Serées* où Bouchet nous parle d'un tableau exposé à Poitiers représentant un avocat qui reçoit d'une main un teston, de l'autre je ne sais plus quoi, probablement un dossier ; il est flanqué d'un apothicaire qui lui administre ce que vous savez. Légende : *Je reçois de toutes mains.* Conclusion : « Et les apothicaires en rioient aussi bien que les advocats. »

• *•

Quelqu'un pourrait-il me dire où j'ai lu ce quatrain ?

> Pour gagner un procès, il faut
> Bon avocat, bon juge et bonne cause ;
> Encore est-ce peu de chose,
> Si bonne chance fait défaut.

Vers 1820, un juge de paix des Deux-Sèvres fit graver ces mots au-dessus de la porte de son prétoire : *Hinc procul lites.* Les enseignements valent mieux que les enseignes ; mais il faut se mettre à la portée de son auditoire et ne pas parler latin quand on s'adresse principalement aux paysans.

A moins cependant qu'on ne veuille entendre quelque réponse mémorable comme celle qui fut faite à Jonzac, vers 1855, dans un bal de souscription où la société était un peu mêlée. Un bachelier frais émoulu, s'approchant d'une jeune ouvrière très jolie, très élégante, mais peu lettrée, lui dit en lui offrant le bras : « Mademoiselle, voulez-vous me permettre de vous prendre sous mon égide ? » Elle répliqua d'un ton courroucé : « Eh ! je ne veux pas monter sur votre échine. »

J'ai entendu raconter dans mon enfance par un camarade originaire du Pas-de-Calais qu'à Aire quatre enseignes se suivant sans interruption formaient cette phrase : *Poulet rôti tiré du four.* Si ce n'est pas vrai, on ne dira pas que ce n'est pas bien trouvé. Avant de proclamer que c'est un conte fait à plaisir, je dois me souvenir qu'étant juge d'instruction, j'ai vu en même temps sous les verrous, dans une maison d'arrêt où les détenus n'étaient pas très nombreux, quatre individus qui se nommaient *Bouillon, Petit, Poisson, Truffé.* A Saintes, rue Eschasseriaux, des soldats du 6ᵉ de ligne s'amusant à lire les enseignes ont, avec sept noms qui se suivent, construit cette phrase : Pémoy (*Pie* nom du mari, *roy* nom de la femme) a TROUVÉ 20 (nᵒ de la maison) BOURRICAUD chez MORTREUIL en JUILLET avec un PASQUET pour ODOYER. Si nous trouvons de tels rapprochements sur nos enseignes, notons-les à titre de curiosité. Mais ne nous bornons pas à cataloguer des anecdotes plus ou moins comiques, des inscriptions plus ou moins bizarres, des peintures plus ou moins baroques. Plaignons sans doute ce pauvre Calvet, « horfèvre-orloger » à Cognac, qu'un voyageur de commerce fit lever en plein hiver, par une nuit glaciale et bien étoilée, pour lui montrer son enseigne et lui recommander d'ôter l'*h* d'*orfèvre* pour la mettre à *horloger* (*Bulletin*, IV, 326).

Plaignons aussi ce marchand de nouveautés parisien qu'un autre farceur réveilla sur le coup de minuit, pour lui dire qu'il désirait parler à son associé. « Mais, monsieur, je n'ai pas d'associé ; je suis seul. » — « Ah ! pardon, j'avais lu sur votre enseigne : *Aux deux Magots*. » Quand nous nous serons apitoyés sur ces victimes de la gaieté française, songeons aux choses sérieuses ; étudions, par exemple, les noms propres ; s'ils donnent lieu parfois à des jeux de mots, témoin l'enseigne du tailleur Lemoine : *Ce n'est pas l'habit qui fait le moine, c'est Lemoine qui fait l'habit*, ils ont souvent une plus haute signification. Victor Hugo lisant sur une enseigne belge : « Menendez-Wodon horloger », voyait dans ce nom castillan soudé à un nom flamand l'histoire de la domination de l'Espagne sur les Flandres. De même les Maurin et les Sarrazin nous rappellent le passage des Maures, et d'autres noms patronymiques, comme Esterlin, reportent notre pensée vers la lutte séculaire soutenue par nos ancêtres pour affranchir notre pays de la domination anglaise.

Je ne vais jamais à Cognac sans voir quantité de nouvelles enseignes ; il en est ainsi dans toutes les villes qui progressent. L'ouverture d'une rue ou d'un boulevard, la transformation d'une maison bourgeoise en immeuble industriel, les oscillations de la politique, les révolutions étrangères détruisent beaucoup d'enseignes et en suscitent de nouvelles. Notons particulièrement ces enseignes exotiques que Victor Hugo trouvait à bon droit si curieuses. N'est-ce pas un foudrier allemand, établi à Cognac il y a environ trente ans, qui prit pour enseigne, rue du Champ-de-Mars : *Au grand tonneau de Heidelberg ?*

La Rochelle, avec son canton des Flamand, a dû voir de nombreuses enseignes flamandes. Kobylecki, qui fut, vers 1835, le plus ancien relieur de Barbezieux, apposait cette étiquette sur les livres sortant de son atelier : « Kobylecki, polonais, relieur et doreur à Barbezieux. » Polonais ! nous nous en serions peut-être bien douté sans cela. Autrefois, à Bordeaux, un marchand de vêtements confectionnés n'avait pas plus tôt pris pour enseigne : *Au grand Frédéric*, que vite un concurrent s'établissait à sa porte et faisait peindre le portrait de Frédéric avec cette inscription : *Au roi de Prusse ;* il y eut procès. Aujourd'hui, Dieu merci, ce n'est pas en pareils termes que la concurrence s'établirait. Attendons-nous à lire aux enseignes de nos magasins : *A la grande Catherine. A l'impératrice de Russie. A Nicolas II.* La mairie de Périgueux, pendant la semaine qui a suivi les fêtes franco-russes du mois d'octobre dernier, a enregistré la naissance de trois filles avec le prénom Olga. L'état civil, lui aussi, a ses enseignes.

* *

J'ai noté, à Cognac, le renard peint sur l'enseigne de l'épicier Renard-Medrois. Souvent le rébus ne porte pas sur le nom du commerçant, mais sur la marchandise. On a vu des marchands de bois faire peindre en vert un I gigantesque, ce qui voulait dire : AU GRAND HIVER; des laitiers prendre pour enseigne un I : A LA LAITERIE. A Paris, beaucoup de merciers mettaient sur leurs enseignes : A L'Y. Voici une carte adresse de ma collection :

A L'ANCIEN Y GREC.

« Chardin, rue Saint-Denis, en face du passage de l'ancien Grand-Cerf, près la rue Grenetat, tient magasin de petit ruband et cordonnet à la reine, pour la broderie de toutes espèces et qualités, à Paris. »

On se demande : Mais quel rapport y a-t-il donc entre le ruban ou le cordonnet et un y? J'ai lu, dans le livre magistral qu'Edouard Fournier a consacré aux enseignes de Paris, qu'autrefois les merciers vendaient des *lic-grègues*, rubans qui servaient à attacher cette partie du vêtement masculin qu'on appelait les grègues. Le grand érudit, auquel rien n'échappait, remarque aussi qu'un Y majuscule ressemble à une culotte renversée. Or, de lic-grègues à l'y, il n'y a que l'épaisseur d'un calembourg. Avait-il franchi l'enceinte de Paris pour s'élancer jusqu'à nous? C'est plus que probable.

Nous n'oublierons pas les enseignes qui mettaient un fonds de commerce sous la protection d'un saint, d'une confrérie ou d'un ordre monastique. Il y avait à Cognac, au faubourg Saint-Jacques, je crois, l'hôtellerie où pendait pour enseigne l'*Image Notre-Dame*, et à Barbezieux l'auberge de *Saint François*.

Quand nous préparerons le chapitre si important des enseignes de la période révolutionnaire, ne craignons pas notre peine; nous pouvons en être récompensés par de bonnes trouvailles. Un cabaretier des environs de Paris, qui convoquait ses clients AU RENDEZ-VOUS DES MARINS D'EAU DOUCE, voulut, sous la terreur, se conformer au tutoiement obligatoire, et désormais les buveurs s'assemblèrent AU RENDS-TOI DES MARINS D'EAU DOUCE. L'hôtellerie du GRAND LOUIS, fondée à Cognac sous Louis XIV, et dont je constate encore l'existence au milieu du XVIIIe siècle, aurait-elle été tolérée avec l'enseigne HÔTEL CAPET? Ce n'est guère probable; tous les noms de saints furent proscrits, avec les souvenirs et emblèmes qui rappelaient la royauté. La *Chasse royale*, à Angoulême; la *Table royale*, à Saintes; le *Dauphin*, à Jarnac; l'*Image Notre-Dame*, à Cognac, devinrent impossibles. Mais, en abordant cette grande époque, ne nous imaginons pas que nous ne trouverons que des idées étroites et des maximes de sectaires niveleurs; nos enseignes furent ouvertes aux idées de progrès nécessaire et de sage liberté, et elles enregistrèrent, avec les noms de nos grands orateurs, la marche victorieuse de nos armées.

Dans nos petites villes, le pinceau des barbouilleurs d'enseignes ne suffisait pas à consigner nos triomphes sur les murs des rues et des places publiques. Un jour que j'assistais à une cérémonie religieuse, dans une tribune de l'église Saint-Léger de Cognac, je vis ce nom magique : Marengo, gravé dans le mur avec la pointe d'un couteau. C'était le temps où l'ancien jésuite Maillard, devenu maître de pension à Cognac, lisait toute chaude à ses élèves une ode sur Marengo, où il s'écriait :

Est bona pars patriæ quam Bonaparte facit.

C'était le temps où Digou tenait, sur la place de l'ancienne halle, cette auberge de l'*Epée nationale*, qui devint, l'opportunisme aidant, l'*Epée impériale* et l'*Epée royale*.

Nous ferons un choix judicieux dans les enseignes politiques, militaires et maritimes, si nombreuses sous la révolution et l'empire. Sous la restauration, nous noterons celles qui furent inspirées par le retour des Bourbons, la guerre d'Espagne, la prise du Trocadéro, la victoire de Navarin et la prise d'Alger; sous le gouvernement de juillet, nous suivrons les étapes de la conquête de l'Algérie.

Après 1830, les hommes de la révolution et de l'empire eurent un regain de popularité. J'ai lu, dans un journal d'Angoulême, la réclame d'un luthier qui vendait des archets ornés du portrait de Lafayette. Quand Lafayette était sur les archets, tenez pour certain qu'il était sur les enseignes. Et Napoléon, où n'a-t-il pas été représenté, depuis les grands tableaux de batailles jusqu'aux clefs de montre et aux boutons de gilet? Je causais tout dernièrement avec un collectionneur qui possède en plusieurs variétés Napoléon bouteille; il est bien heureux d'avoir trouvé Napoléon fer de rabot, mais bien chagrin d'avoir manqué Napoléon fer à gaufres!

Après avoir décrit les enseignes propres au règne de Louis-Philippe et la résurrection des types et des inscriptions badigeonnés par la restauration, nous poursuivrons notre enquête en signalant les enseignes curieuses de la révolution de février et du second empire, sur lesquelles tant de gens peuvent nous renseigner pour les avoir vues, et nous continuerons, jusqu'à nos jours, ce travail qui ne devra jamais être abandonné. Quand nos collaborateurs verront s'élever une enseigne qui leur paraîtra susceptible d'avoir un jour un intérêt rétrospectif, ils feront œuvre utile en la publiant dans la *Revue*, de même qu'ils nous annoncent la publication d'une plaquette et l'apparition d'un nouveau journal. Ne nous bornons pas à écrire d'une façon générale l'histoire de nos enseignes; donnons une petite notice à celles qui en vaudront la peine. J'ai entendu dire qu'en 1871 un aubergiste s'est établi dans une commune du canton de Jarnac : Au retour du siège de Paris. Cette enseigne existe-t-elle encore? a-t-elle une histoire? vaut-elle une notice? Il arrive quelquefois que la réunion de deux fonds de commerce ou bien encore le désir d'ajouter un nom de victoire à l'inscription primitive, modifie le texte d'une enseigne. Exemple : L'Hôtel du Soleil d'or et de Sébastopol, que j'ai vu quelque part dans la

Dordogne, à Issigeac, je crois. Ces détails sont à noter, ils ont leur intérêt. Dans toutes les séries que nous étudierons, observons le contre-coup des idées, des modes et des événements parisiens sur les enseignes provinciales. Elle est bien curieuse, celle de ce cabaretier d'Angoulême, en 1827 : AU BON VIN DE LA GIRAFE, alors que tout Paris s'entretient de la girafe du Jardin des Plantes et que toutes les modes sont à la girafe.

Faisons une large part aux enseignes gastronomiques. Quand nous aurons extrait des manuscrits, des livres, des almanachs, des annuaires, des affiches, des prospectus tout le parfum culinaire que peuvent dégager les enseignes de l'ancien régime et de la révolution ; quand nous aurons salué sous le consulat et l'empire le POULET A LA MARENGO et la VIVANDIÈRE DE LA GRANDE ARMÉE, abordons résolument les enseignes de la restauration.

Et d'abord, quand nous trouverons non loin du BON ROI HENRI, son pendant obligé, LA POULE AU POT, souvenons-nous du quatrain qui lui servit de commentaire dès les premiers jours du règne de Louis XVIII :

> Enfin, la poule au pot sera donc bientôt mise,
> On doit du moins le présumer ;
> Car, depuis deux cents ans qu'elle nous est promise,
> On n'a cessé de la plumer.

Après les guerres de l'empire, les bons vivants, avides de plaisirs, se répandirent dans les auberges, les restaurants et les rares cafés de l'époque ; il n'y avait guère alors à Cognac que le café Maisonneuve, grand'rue. Ce fut le temps des bals champêtres, des repas maçonniques, des festins de gardes nationaux. Attendons-nous à des enseignes respirant la gaieté. Comment y aurait-il eu place pour des légendes abstraites, quand « la société des très chers » menait si joyeuse vie à Barbezieux ; quand les vitres des restaurants de Cognac étaient ébranlées par ces couplets d'une verve endiablée qu'un vieillard, dont le souvenir m'est cher, m'a si souvent chantés :

> Ne me parlez pas
> De l'embarras
> Que donne une fortune immense,
> Que bien ou mal on amassa ;
> Quelques amis, un peu d'aisance,
> Folle gaieté, sage dépense,
> Parlez-moi de ça, parlez-moi de ça.

> Ne me parlez pas
> De ces combats
> Où s'égorgent deux adversaires,
> Qu'un seul mot souvent provoqua ;
> Mais de ces querelles passagères,
> Qui se vident à coups de verres,
> Parlez-moi de ça, parlez-moi de ça.

Ne me parlez pas
De ces repas
Où l'on sert des mets que d'avance
Sur les fourneaux la nuit glaça ;
Mais de ces joyeuses bombances
Où fillettes, flacons, tout danse,
Parlez-moi de ça, parlez-moi de ça.

Ne me parlez pas
De ces appas
Que l'artifice dénature
Et que Plutus seul caressa ;
Mais de ces traits sans imposture
Dont quinze ans font seuls la parure,
Parlez-moi de ça, parlez-moi de ça.

Ne me parlez pas
De ces prélats
Qui ne disent que patenôtres,
Grondant par ci, grondant par là ;
Mais de ces abbés bons apôtres,
Bernis, Chaulieu, La Fare et autres,
Parlez-moi de ça, parlez-moi de ça.

Ne me parlez pas
De ces trépas
Qu'un mauvais docteur vous attire
Par les juleps qu'il vous versa ;
Mais, après cent ans de délire,
Faut-il enfin mourir de rire,
Parlez-moi de ça, parlez-moi de ça.

Pendant que le sexe fort était en proie à cette joie exubérante, on dansait dans les réunions féminines, sur un air entraînant, une ronde qui doit avoir été imprimée quelque part, et dont je n'ai retenu que ce couplet :

Si dans mes yeux le courroux brille,
Ce n'est pas sans raison, ma foi !
On ne fait pas danser ma fille,
On ne dînera plus chez moi.

Les vétérans de la révolution et de l'empire se réunissaient rue d'Angoulême, à la *Jambe de bois*, chez Dognon, et causaient avec le mutilé de Waterloo de leurs promenades à travers l'Europe, au pas de course, pendant vingt-trois ans. De quels récits n'auraient-ils pas régalé ceux qui auraient eu le bon esprit de les interroger et de noter leurs anecdotes, quand il en était encore temps !

« Au moment où je fais cette moralité », je me reproche amèrement de ne pas avoir demandé aux vieillards de mon temps un catalogue anecdotique des enseignes de Cognac de 1789 à 1848. Drouneau, le soldat de Jemmapes, mort nonagénaire, que tout Cognac a connu sous le surnom du père Lafayette, et bien d'autres m'auraient nommé sans hésitation cette auberge de la rue de l'Ile d'or devant laquelle Junot, harassé de fatigue, s'assit sur une botte de paille lorsqu'il traversa Cognac en novembre 1808, après la capitulation de Cintra, allant à Angoulême, à la rencontre de Napoléon parti de Paris pour le camp de Bayonne ; ils m'auraient raconté par le menu les incidents du passage du duc d'Abrantès. Bien des faits intéressants resteront toujours ignorés, parce que les jeunes gens ne causent pas assez avec les vieillards et ne tiennent pas note de leurs conversations.

Il y avait à Cognac, vers 1825, un ancien ouvrier bijoutier, nommé, je crois, Letourneau, qui avait travaillé chez Boëhmer et Bassange, joailliers de la couronne, et racontait bien des détails curieux sur l'affaire du collier de la reine. Il eut sans doute volontiers consenti à rédiger une note sur ce célèbre épisode de notre histoire ; mais quelqu'un a-t-il songé à la lui demander ?

Une dame, morte à Jonzac, dans un âge très avancé, savait beaucoup de choses sur la révolution et se plaisait à raconter ses entretiens avec les Girondins. C'est probablement tout ce que nous en saurons.

.

Nulle part Bacchus ne fut plus en faveur qu'au milieu de nos vignobles charentais pendant les longues années de paix qui suivirent les traités de 1815. Il règne en maître sur les enseignes, cela va sans dire. La *Revue*, XVI, 308, a déjà cité plusieurs enseignes bachiques ; on se représente les buveurs, l'œil vif et le pied leste, traversant le vieux pont de Cognac et se dirigeant vers cette auberge de Camus, où Bacchus leur sourit de loin, à cheval sur un tonneau. Que de fois ne verrions-nous pas le dieu du vin présidant aux festins, si tant d'enseignes n'avaient pas été détruites et tant de vaisselle cassée ! Il ne suffisait pas de faire ripaille ; il fallait encore manger dans des assiettes et boire dans des pichets « analogues à la circonstance », comme on disait vingt ans auparavant. Nous voyons souvent cette devise courte et bonne : *Vive Bacchus !* sur les gourdes de ce temps-là. Nous connaissons aussi cette inscription plus laconique encore, mais bien suggestive, pour parler le langage à la mode : *Boy* s'étalant sur ces petits barils de faïence qui sont en train de devenir bien rares. Un sieur Fradon habitant à proximité d'un bon crû charentais veut donner à son vin un récipient digne de lui et commande à un faïencier un pichet qui est entré dans ma collection. Comme le rat de La Fontaine, il a perdu sa queue à la bataille ; mais l'inscription est intacte et la voici dans une orthographe à rendre jaloux tous les peintres d'enseignes :

Je me nomme pot à ô, mai je sairs à mettre du vin ; je suis un à my des buveurs, quand je suis plain du jus de Baqus.

Jean FRADON.

La déesse de l'amour est proche voisine du dieu du vin ; voici une assiette où je lis :

C'est une double gloire
D'aimer et de bien boire.

Les buveurs levaient la séance en tirant de leurs bourses de cuir les écus de six livres et les pièces de trente et de quinze sous qui avaient encore cours ; à l'auberge on payait à la fin de la vacation. Ce n'était pas comme chez ce perruquier qui, en 1780, mettait sous le nez de ses clients un plat à barbe où je lis, toujours dans une orthographe fantaisiste : *Payé la ois est fini.*

En 1781, un autre perruquier, suspendant dans sa boutique un plat où le faïencier avait écrit : *Vive la fin du mois,* annonçait ainsi à ses abonnés que le quart d'heure de Rabelais venait de sonner.

Dans cet âge héroïque, le culte de la bouteille inspire des mots comme on n'en dit plus. Un jour, à Cognac, on aperçoit un cadavre flottant sur la rivière. La justice se transporte et la population lui fait cortège. Toute la ville, abusée par une ressemblance inouïe, prend le cadavre pour celui d'un des notables buveurs du pays ; sa femme elle-même (est-ce le désir qu'elle a d'en être débarrassée ?) se croit veuve. Le commissaire de police, qui veut savoir si le défunt a laissé des dispositions, introduit la main dans la poche de son gilet. Le cordonnier Borderie, croyant qu'il s'agit de sa bourse, s'écrie : « C'est inutile ; s'il avait eu l'argent de chopine, il ne se serait pas noyé. »

Souvent les femmes n'en cédaient pas à leurs maris. Deux villageoises venaient d'absorber au cabaret un nombre formidable de chopines ; l'une d'elles dit à sa compagne :

« En boirons ji encoere ine autre ?
— Marci, je seû pas dans mes boiries ancut. »

Le genre bachique a eu ses petits poètes, moins connus que Panard. Comment n'y en aurait-il pas eu dans un pays de vignobles comme le nôtre ? Dans mon enfance, on parlait beaucoup d'un artisan nommé Vigneau, qu'on invitait dans les campagnes de plusieurs lieues à la ronde dans la Charente, aux repas de noces, où il chantait des couplets de sa composition. J'ai entendu chanter celui-ci :

> Rinçons le verre,
> Vidons le tonneau ;
> Voilà la manière
> Du petit Vigneau.

Ce n'est pas très fort, mais cela ne manque pas d'entrain. Il a pu faire quelque chose de mieux. Attendons pour le juger de plus amples renseignements.

.·.

Revenons aux enseignes gastronomiques. En 1820, l'heureuse délivrance de la duchesse de Berry mit tous les cerveaux en ébullition. A Paris, pendant que Lamartine écrivait une ode immortelle, Lemoine, distillateur, se demandait en son logis de la rue de la Grande-Truanderie, n° 53, comment il pourrait bien faire tourner le grand événement au profit de son commerce. J'ai sous les yeux la jolie adresse gravée qu'il fit distribuer pour recommander sa nouvelle liqueur : « Petit lait du duc de Bordeaux. » L'enfant royal y est représenté nu, couché sur des lis ; une couronne de fleurs est suspendue sur sa tête ; il tient à la main un lis. Compulsez les rares journaux alors publiés dans les deux Charentes, et je serai surpris si vous n'y voyez pas quantité de réclames de maîtres d'hôtels, distillateurs et autres commerçants inscrivant sur leurs enseignes et leurs prospectus le nom du duc de Bordeaux.

Les premiers essais de la lithographie en Saintonge, qu'on ne saurait rechercher avec trop de soin, feraient revivre à nos yeux bien des enseignes disparues, e' nous aideraient même à reconstituer la physionomie de vieux quartiers bouleversés par les démolisseurs, si ces petits documents n'avaient pas été jetés au feu avec ces travaux de ville que les imprimeurs appellent « des bilboquets ». Un exemple fera comprendre combien cet autodafé est regrettable.

Fleury, limonadier, qui a fait construire le *Panier fleuri* à Cognac, sur la hauteur du Parc, s'était d'abord établi sur la place d'Armes. Son café occupait une partie de la base de ce triangle qu'on appelait familièrement « La pointe des blagueurs », parce que les bons bourgeois de Cognac s'y réunissaient le soir et se promenaient au clair de la lune, les mains derrière le dos, jusqu'à une heure avancée, commentant en conversations interminables les événements du jour. Ces promenades ont été interrompues par les élections législatives si ardentes de 1863, et nous ne les avons pas revues. Soit qu'il n'y eût pas encore à Cognac un bon lithographe, soit tout autre motif, Fleury fit exécuter à Saintes, chez Alexandre, une vignette dont je possède un exemplaire en tête d'une facture du 31 août 1846. Examinons en détail cette vignette qui est tout un tableau. D'abord l'enseigne : *Café Fleury*, au-dessus de la fenêtre du premier ; puis cette inscription murale au-dessous du toit : *Café Fleury, 2 billards* ; ensuite la légende topographique : « Place d'Armes, rue du Théâtre. » Voici, au-dessus de la porte d'une maison que la construction du marché couvert a fait disparaître avec bien d'autres, cette inscription : *Poste aux lettres*, qui nous rappelle que depuis l'administration des postes, réunie à celle des télégraphes, a déjà déménagé trois fois.

Arrivons aux personnages : une servante en coiffe saintongeaise tire de l'eau à la borne-fontaine ; trois promeneurs, deux hommes et une femme, circulent sur la place. Voilà ce qui pour moi peut s'appeler : « choses vues. » Je ne puis regarder cette lithographie sans émotion. Plus d'un Cognaçais à cheveux blancs s'écrierait en la voyant : « Ah ! mon vieux Cognac », comme Rousseau s'écriait devant une fleur : « Ah ! la pervenche. » J'ajoute, pour être complet, qu'elle a pour encadrement, à droite et à gauche, le dénombrement homérique de toutes les liqueurs qui se débitaient au café Fleury et qu'on lit au bas : *J. Louis*

Fleury, limonadier. La maison existe toujours, mais le café a disparu. Où sont ces groupes de promeneurs qui arpentaient la place d'Armes de 1846, les uns montant vers le café, les autres descendant vers l'ancien minage depuis longtemps démoli ? Où sont le bureau des messageries et les nombreuses voitures publiques qui sillonnaient la place ? Mais où sont les neiges d'antan ?

Nos négociants cognaçais, qui voyagent beaucoup, feront bien de prendre note à l'étranger des enseignes qui célèbrent la gloire de Cognac. Et pourquoi ne garderaient-ils pas en portefeuille une de ces notes d'hôtel qui, un demi siècle après, deviennent des pièces de musées ? Cette réflexion m'a été inspirée par la vue d'une bien curieuse lithographie où je constate, dans un hôtel de Vienne en Autriche, en 1831, un cosmopolitisme à outrance dont il n'y avait peut-être pas alors beaucoup d'exemples. L'enseigne est en anglais et en caractères microscopiques. On voit des promeneurs et un grand landau à quatre chevaux conduits par deux postillons se diriger vers l'*hôtel de Londres*; ces mots en gros caractères sont en français. On lit au-dessous le nom de la rue en allemand. L'addition est en allemand, au pied, le mot « aquitté » en français très lisible.

Il y a des cartes de France gastronomiques. Si Barbezieux n'y figure pas, c'est un grave oubli. Lisez plutôt les mémoires du général baron Thiébault, dont la *Revue*, xv, 88, analyse un passage relatif à l'aubergiste Gandauben qui soutenait avec honneur la réputation des pâtés de Barbezieux. Je demande le texte complet ; nous y verrons, entre autres choses, si la coquille « Gandauben » pour Gandaubert est imputable à l'imprimeur des mémoires ou à celui de la *Revue*. Gandaubert avait fondé à Barbezieux, à la fin du xviiie siècle, l'*Hôtel de la Boule d'or* qui existe encore aujourd'hui dans un autre local. Vers 1830, la veuve Gandaubert faisait distribuer cette carte dont les premières lignes sonnent comme un air de fanfare :

« A l'ancienne renommée des pâtés de perdraux et chapons truffés de Barbezieux, — grand hôtel de la Boule d'or et de la Poste, — tenu par Mme veuve Gandaubert, à Barbezieux (Charente).

» Cet hôtel, où descendent les diligences et messageries royales, depuis l'origine de leur établissement, avantageusement connu par sa distribution, l'agrément d'un superbe jardin ouvrant sur la promenade, cour spacieuse, belles écuries et remises, réunit tout ce que peuvent désirer MM. les voyageurs. Composé d'un grand nombre d'appartements meublés dans le goût le plus moderne, cet hôtel obtient de plus en plus la confiance et la célébrité dont le public l'a toujours honoré.

» La dame Gandaubert fait des envois de pâtés de perdraux rouges, dindes truffées et chapons, en France et à l'étranger.

» *Nota.* — On observe à MM. les voyageurs que c'est le seul hôtel près de la poste aux chevaux. »

Je donnerai, dans un prochain numéro de la *Revue*, une notice consacrée à la *Boule d'or* et surtout au séjour que Napoléon y fit en 1808. En attendant, les vieux Barbeziliens qui ont fréquenté le club de 1818 pourraient-ils nous dire à quelle enseigne ils se réunissaient pour rire à gorge déployée, entre deux verres de bière, des harangues si mordantes de l'avocat Daudin et du mot si spirituel du forgeron Sériot qui, agacé par un discours interminable où un autre orateur passait en revue tous les rois de France, lui criait : « Arrivez donc à Pépin le Bref. » C'est sans doute vers cette époque que Daudin fit cette épigramme :

> De l'esprit faut-il qu'on décide
> Sur le bruit d'un parleur sans fin ?
> Chacun sait bien qu'un tonneau vide
> Résonne plus qu'un tonneau plein.

Nos artisans charentais ne sont pas plus sots que les autres. Écoutez encore un mot exquis de Reveillon, que beaucoup de lecteurs de la *Revue* ont dû connaître, lorsqu'il tenait à Angoulême l'hôtel du *Cheval blanc*. Il y a, dans les *Lettres charentaises* de Babaud-Laribière, une bien jolie page sur Reveillon et ce vieil hôtel ; mais il faut la compléter en citant la bonne repartie du maître du logis, un hôtelier lettré comme on n'en verra plus, qui, causant avec un de ses marmitons, lui disait : « Tu viens de faire un pléonasme. — Qu'est-ce que c'est que ça, un pléonasme ? — C'est comme quand tu mets deux fois du sel dans ta sauce. » Qu'en dites-vous ? Ne vous semble-t-il pas qu'un bon mot d'Angoulême vaut bien une pointe de Paris ?

*
* *

Souvent l'enseigne est en rapport avec le commerce, même lorsqu'il s'y mêle un peu de politique, comme celle d'un teinturier que j'ai vue à Bergerac : *Aux couleurs nationales*. On a vu beaucoup de cordonniers prendre pour enseigne : *A saint Crépin, A la grande botte* ; beaucoup de bouchers adopter pour emblème un mouton ou un bœuf. J'en ai pourtant connu un à qui ses clients disaient : « Mais pourquoi donc n'avez-vous pas plutôt fait peindre là-haut une vache ? » L'enseigne *Au point du jour* que j'ai vue dans ma jeunesse sur une auberge du faubourg Saint-Jacques à Cognac, peut convenir à tous les métiers qui demandent un travail matinal ; mais elle a généralement été adoptée par les aubergistes obligés de se lever de bonne heure pour recevoir les voyageurs qui arrivent et réveiller ceux qui partent. D'après la tradition, c'est à l'auberge du *Point du jour*, que le comte d'Artois descendit lorsqu'il passa à Barbezieux quelques années avant la révolution. Le célèbre journal de Barrère, le *Point du jour*, donna-t-il une recrudescence de vogue à ce genre d'enseigne pendant la période révolutionnaire ? Peut-être bien. Nos collègues de Cognac diront si deux enseignes que j'y ai vues existent encore : celle de Mme Chéri, rue des Balais : *Au beau cochon*, avec le compagnon de saint Antoine, et celle d'une maison faisant le coin de la rue du Palais, habitée autrefois par Degorce: *Au gastronome*, représentant un homme à table, la fourchette à la main. Voilà de bonnes enseignes de charcutiers ; elles ne vont pas chercher midi à quatorze heures. Mais que d'enseignes disparates et à contre-sens ne trouverons-nous pas dans cette grande série des hôteliers, aubergistes, cabaretiers, cafetiers, etc.? Il en a été ainsi de tout temps. Autrefois, à Cognac, l'hôtellerie du *Chapeau rouge* semblait avoir dérobé l'enseigne d'un chapelier ; aujourd'hui que le vieux calembourg: *Au lit on dort* n'est plus qu'un souvenir, quand nous lisons sur tant d'enseignes d'auberges cette inscription banale: *Au Lion d'or*, nous nous demandons avec étonnement quel rapport il peut bien y avoir entre le roi des animaux et un poulet sauté, de même que Lacout, professeur de musique, nous disait, après l'exécution du quadrille *Monte-Cristo* : « Ce n'est pas mal ; mais celui qui devinerait qu'il s'agit là-dedans de Monte-Cristo serait fin. »

Nous n'en noterons pas moins, après avoir éliminé toutes les enseignes insignifiantes, tout ce qui est de bonne prise pour l'histoire locale. Pourquoi n'entreprendrions-nous pas à La Rochelle le catalogue de celles qui ont été inspirées par la réforme, à commencer par le *Café Coligny* ? Pourquoi, avant de quitter la ville de Guiton, ne demanderions-nous pas aux anciens s'ils n'ont pas autrefois trinqué dans quelque auberge des *Quatre sergents* ?

J'ai lu quelque part que ce fut en lisant un journal dans un café de Rochefort que Victor Hugo, revenant d'un voyage en Espagne, apprit la mort tragique de sa fille et de son gendre Vacquerie. On se souvient du vers des *Contemplations :*

> Oh! je fus comme fou dans le premier moment.

Si ce fait est exact, les journaux du temps doivent nommer le café qui fut le théâtre de cette scène si poignante.

.*.

J'ouvre l'édition originale du célèbre *Dictionnaire François* de Richelet (Genève, Widerhold, in-4°, 1680) et j'y lis cette définition de l'enseigne : « Sorte de tableau qui pend devant les maisons des marchans, des gros cabarets et de quelques autres gens. » Voyons maintenant la définition du bouchon : « C'est un chou, quelques rameaux de lierre, ou quelque autre petit branchage qu'on met devant le cabaret. » Si Richelet revenait au monde, il entendrait encore parler d'enseignes ; mais il se ferait reprendre s'il parlait de marchands. « Apprenez, lui dirait-on, qu'il n'y a que des négociants. » Il trouverait, cela va sans dire, de grands changements dans les dimensions, les légendes et l'orthographe des enseignes. Mais il s'apercevrait que le bouchon a traversé les siècles en conservant, à peu de chose près, l'aspect qu'il présentait en 1680 et sans doute bien longtemps avant. Souvent il se

passe d'inscription explicative; bon vin n'a pas besoin d'enseigne
et bouchon n'a pas besoin de légende, pas même du monosyllabe
boy écrit sur les vieilles faïences, pour inviter le client à se
rafraîchir. C'est l'enseigne des illettrés, l'enseigne économique,
immuable, orthodoxe, qui n'a jamais été persécutée, qu'aucun
régime n'a jamais accusée et n'accusera jamais d'exciter à la
haine et au mépris du gouvernement. Dans le passé, le bouchon
a grandement contribué à équilibrer nos budgets, et il en sera
de même dans l'avenir. On peut sans doute lui reprocher sa
banalité ; mais, je vous le demande, est-ce donc un si petit mérite
que d'être immortel ? Tandis que tous les emblèmes, le lis, le
bonnet phrygien, l'aigle, le coq, ont tour à tour été proscrits et
brûlés, le bouchon peut dire comme Sieyès après la terreur :
« J'ai vécu. » Cette vieille institution aura donc une petite place
dans la *Revue*, si nous trouvons à glaner, en ce qui la concerne,
quelque chose d'intéressant.

On connaît le portrait de Périandre dans *La Bruyère* : « Que
son père si vieux et si caduc n'est-il mort il y a vingt ans, et
avant qu'il se fît dans le monde aucune mention de Périandre !
Comment pourra-t-il soutenir ces odieuses pancartes qui déchif-
frent les conditions et qui souvent font rougir la veuve et les
héritiers ? Les supprimera-t-il aux yeux de toute une ville ja-
louse, maligne, clairvoyante, et aux dépens de mille gens qui
veulent absolument aller tenir leur rang à des obsèques ? Veut-
on d'ailleurs qu'il fasse de son père un noble homme, et peut-
être un honorable homme, lui qui est messire ? »

Une note du grand moraliste nous avertit que par ces odieuses pancartes il entend les billets d'enterrement. On s'est étu-
dié de tout temps, dans ce genre de littérature, à arrondir les
angles qui semblent trop aigus, témoin le billet d'enterrement
dont voici la teneur :

« Vous êtes priés d'assister aux convoi, service et enterrement
de Monsieur Simon Leclerc, maître ferblantier et bourgeois de
Paris, décédé en sa maison, cimetière Saint-Jean, qui se feront
lundi premier octobre 1781, à dix heures du matin, en l'église
de Saint-Gervais, sa paroisse, où il sera inhumé.

De la part de Madame sa veuve et de Mademoiselle sa fille.

De profundis. »

Nous voilà prévenus que ce bourgeois de Paris était ferblantier, c'est quelque chose ; mais depuis le progrès a marché.
Comment savoir au juste, dans cent ans d'ici, à quelle profession appartenait ce brave homme d'huissier qui fut, il y a quelques années, qualifié « officier ministériel » dans la lettre de
part de son décès, comme s'il était besoin de recourir à une ap-
pellation vague pour désigner une profession honorable quand
elle est exercée honorablement ?

Il n'y a pas, pour un millionnaire, incapable de gagner deux
francs par jour, de pancarte plus odieuse que l'enseigne de son
père qui a gagné honnêtement de quoi lui permettre de mener

la vie à grandes guides. Il se console en songeant que cette
pancarte, tirée à un seul exemplaire, n'existe plus qu'à l'état de
souvenir. Elle est allée rejoindre l'enseigne d'un marchand de
laine, Colbert : *Au long vêtu*, que tant de gens se souvenaient encore d'avoir vue à Reims quand son fils, le grand ministre, aussi
ridicule que M. Jourdain, rougissait de son humble origine. Après
avoir enregistré une telle petitesse chez un homme supérieur, on
aime à citer le mot du maréchal d'Avout, ce grand homme de
guerre issu d'une famille noble, répondant à un sieur d'Avout,
restaurateur, qui était venu planter son enseigne rue Saint-
Dominique, droit en face de l'hôtel du vainqueur d'Auerstaedt,
et lui offrait de la supprimer moyennant indemnité : « Je ne
crois pas que vous soyez mon parent ; mais, le fussiez-vous,
vous ne sauriez dire à quel point cela me serait égal : car
cela ne prouverait qu'une chose, c'est qu'étant partis du même
point, nous sommes arrivés par des chemins différents. »

Que deviennent toutes ces enseignes qui ne sont pas des ob-
jets de collection dans les familles et pour lesquelles il n'existe
ni maisons de retraite, ni hôtel des invalides ? Quelques unes
vont enrichir les musées, comme la célèbre enseigne peinte par
Watteau et reproduite dans le livre d'Edouard Fournier ; mais
ce sont là des oiseaux aussi rares que l'hirondelle peinte au
plafond du café de Foy par Horace Vernet et le cheval blanc de
Carle Vernet à l'auberge de Montmorency. Souvent on n'attend
pas que les enseignes de bois soient vermoulues pour en faire
du feu ; si encore quelques unes servaient à chauffer le four
d'un céramiste comme Palissy ! Lorsque les enseignes peintes
sur tôle ont, pendant de longues années, balancées par le vent,
grincé sur leurs supports, au grand désespoir des voisins, elles
s'en vont pêle-mêle chez le ferrailleur. Là Napoléon contemple
Dognon et sa jambe de bois ; Louis-Philippe cause avec Lafayette des trois glorieuses ; « les Trois marchands » lorgnent
« le dieu Bacchus » chez qui ils ont passé quelques heures
agréables, et « la Truie qui file » fait bon ménage avec « le Chat
qui pelote », jusqu'à ce que tous ces débris subissent quelque transformation, suivant la grande règle de Lavoisier : « Rien ne se perd,
rien ne se crée. » Les enseignes peintes sur les murs sont badi-
geonnées et remplacées par un texte nouveau, lorsqu'elles sont
devenues trop libérales ou trop réactionnaires. Enfin, un trait
commun à toutes les enseignes, c'est qu'elles finissent par s'ef-
fondrer dans les démolitions des vieilles maisons et dans le per-
cement des nouvelles rues. A Cognac, parmi les centaines d'enseignes que nos contemporains ont vu mourir, bornons-nous à
rappeler que les gardes nationaux de 1870 auraient vainement
cherché à l'angle de la rue des Acacias et de la Corderie le *Café
de la 1re compagnie* où leurs devanciers de 1848 avaient fait
flamber plus d'un punch ; que, si les violons qui ont fait danser
les grisettes de 1845 au *Tivoli d'été* du boulevard du nord, aujourd'hui boulevard Denfert-Rochereau, ont gagné à vieillir, en
revanche il y a beau temps que la salle de danse et l'enseigne

ont disparu ; que personne peut-être ne pourrait dire si l'horloger Calvet, place d'Armes, avait mis à profit le conseil du voyageur de commerce ; que ceux qui ont vu naître sur l'ancien champ de foire des porcs, depuis place de l'Arc de triomphe, aujourd'hui place François Ier, l'*hôtel de Londres*, ont vu tout dernièrement mourir sur cette même place l'auberge des *Trois canons*, remplacée par le Comptoir d'escompte ; qu'à quelques pas plus loin, route d'Angoulême, aujourd'hui avenue Victor Hugo, il y a près de quarante ans que les voyageurs ne descendent plus au *Faisan*, qui s'est enfui à tire d'aile par la rue du Gaz. Quant à l'*Hôtel d'Orléans* qui existe toujours, rue d'Angoulême, je rappelle, à titre de souvenir d'histoire locale, que c'est là qu'en juillet 1869, le barreau de Cognac offrit un banquet à Jules Favre, qui était venu plaider une affaire importante ; il s'y trouvait des représentants des barreaux voisins, du notariat et du commerce de Cognac. Dans ses réponses aux nombreux toasts qui lui furent portés et dans la conversation qui suivit le dîner, Jules Favre déploya les ressources inépuisables d'un esprit tour à tour aimable et élevé, et il n'était pas loin de minuit lorsque le grand orateur qui avait passé la nuit en wagon nous dit en nous serrant la main :

Suadentque cadentia sidera somnum.

**

Voilà pour les enseignes ; et maintenant que vont devenir les porte-enseignes ? Écoutons un conseil donné par le *Gaulois*, sous ce titre : « Mondanités ; chronique de l'élégance », dans un numéro du mois de novembre dernier :

« Nous indiquerons aux châtelains un moyen très pratique d'utiliser les porte-enseignes artistiques, véritables chefs-d'œuvre de ferronnerie, tels qu'on en trouve encore dans nos villages, et qui décoraient autrefois les portes des auberges, celles des maréchaux-ferrants et autres ouvriers de métier. On en fait des tableaux de chasse en les plaçant dans les salles de débotté où chasseurs et chiens viennent à la tombée du jour se réconforter devant un grand feu.

» A ces enseignes on fixe une plaque en tôle noircie sur laquelle on inscrit à la craie le tableau du jour d'un côté, tandis que de l'autre côté on peut, au moyen de fiches superposées, conserver le résultat général de toutes les journées de chasse, ce qui permet en un coup d'œil de se renseigner sur la quantité de gibier abattu pendant la saison. Placé à l'angle d'une haute cheminée, ou de toute autre façon en rapport avec le décor artistique de la salle, ce porte-enseigne est très décoratif et amusant à consulter pour les chasseurs. »

Puisque nous sommes prévenus, s'il existe encore dans quelque coin de la Saintonge une vieille enseigne, menacée par les maçons, ou un porte-enseigne, convoité par un châtelain, hâtons-nous d'en donner une description ou mieux encore une reproduction, dans la *Revue*, pour peu que l'art et l'histoire puissent en profiter.

En terminant ces observations, il n'est pas inutile de rappeler que l'histoire du commerce et de l'industrie se lie intimement à celle des enseignes. Jamais, qu'on le sache bien, on n'écrira un livre complet et vraiment intéressant sur une industrie, si on n'y fait pas la part qui leur est due aux moyens de réclame et de publicité, enseignes, prospectus, affiches illustrées, adresses gravées, lithographies, étiquettes, etc., par lesquels elle s'est propagée, soit dans un rayon restreint, soit jusqu'aux extrémités du monde connu. Cela s'applique surtout au commerce et à l'industrie du dix-neuvième siècle, sur lesquels nous devons songer sérieusement à réunir des matériaux pour que nos successeurs puissent écrire leur histoire dans les deux Charentes. Mais parlons d'abord du passé. Que de choses nous restent à apprendre, que de découvertes inattendues nous sont réservées, si nous entreprenons résolument le dépouillement des documents que les révolutions, le feu, l'eau, les vers, les termites, et par-dessus tout une coupable incurie laissent encore à notre disposition !

Les minutes de Pierre, dont il existe encore quelques lambeaux, nous apprennent qu'il y avait à Cognac, au xviie siècle, des gantiers. Nous ne saurons peut-être jamais, et il faudra bien nous en consoler, s'ils invoquaient sur leurs enseignes quelque saint du paradis ou s'ils se bornaient à suspendre, à une hauteur respectable, ces énormes gants de bois ou de métal comme nous en avons vu, dont la chute pourrait tuer un passant. Nous savons que ces gantiers ont existé, c'est là l'essentiel. Ah ! quel trésor que ces minutes de notaires ! Quelles précautions ne devrait-on pas prendre pour assurer leur conservation, et combien est vrai ce mot de Jules Claretie : « Il y a dans chaque étude de notaire une *comédie humaine* qui attend encore son Balzac ! »

N'est-ce pas un document d'une véritable valeur que cet acte du 26 juillet 1670 passé devant Nouveau, notaire à Cognac, dont les minutes sont conservées dans l'étude de Me Calfandreau, par lequel un groupe de marchands de Cognac fait une convention avec Tardy, maître du bureau de poste, qui s'engage à avoir un postillon pour porter leurs dépêches à Saintes deux fois par semaine? Cela se passait deux siècles avant le bateau à vapeur de Cognac à Saintes, que j'ai pris dans mon enfance, et dont personne ne se souvient ; deux siècles avant la voiture légendaire du père Courtin, que nous avons vue bien garnie en tout temps, mais surtout le 30 avril de chaque année, lorsque saint Eutrope, opérant un miracle, lui permettait, au grand mépris des lois de la physique, de loger plus de gens qu'elle n'en pouvait contenir. (1)

---

(1) L'histoire de la locomotion par terre et par eau dans notre région est digne de tenter les chercheurs. Voici, avec la pièce que je viens de citer, deux autres

Ces marchands, qui avaient imaginé, dans l'intérêt de leur commerce, ce service à grande vitesse, expédiaient à l'étranger ces eaux-de-vie et ces vins blancs sur lesquels les documents

---

actes notariés tirés des minutes si riches de Mᵉ Callandreau. C'est dans la même étude que j'ai vu quelque part un acte établissant qu'au XVIIⁿ siècle les gabares servaient au transport des troupes.

« Aujourd'huy vingt sixiesme du mois de juillet 1670, après midy, ont esté présans en leurs personnes les sieurs Jean Laisné, Jean Richard, Hellie Bertrand, François Vitet, Jean Brun, Louis Babin, Jacques Pelluchon, Gédéon Roux, Pierre Broussard, Jacques Prévost et Izaac Brunet, lesquels, parlant à la personne de Jean Tardy, maistre du bureau dudit Cognac, aussy pour ce présant en personne, y demeurant, luy ont dit et déclaré qu'à cause du commerce et correspondance qu'ils ont avecq les marchands d'Angleterre et d'Hollande, dont la plus part d'iceux sont demeurants en les villes de La Rochelle, Bourdeaux et Nantes, il leur seroit important pour l'advantage de leur dit commerce que ledit Tardy leur marquast un jour et heure preicize, deux fois par chacune semaine, pour pouvoir vacquer à leurs despesches et envoy ausd.ˢ marchands estant en les dittes villes, autre que celuy qu'ils sont obligés de prendre par la voye du postillon du maistre du bureau de la ville de Saintes, qui, le plus souvent, est obligé de partir dudit Cognac pour aller audit Sainctes y porter le pacquet qui y est envoyé dudit Paris des jours incertains et non fixes, ce que ne venant poinct à leur connaissance, ils manquent d'envoyer leurs dittes despesches à divers ordinaires. Ainsi ils souffrent et le public un notable préjudice d'autant, que, par ce moyen, leurs despesches sont retardées ainsi que l'acceptation de quantité de lettres de change qu'ils délivrent à divers particuliers, tant de cette ville que des environs, pour des marchandises qu'ils acheptent pour lesdits marchands anglois et hollandois, et le montant desquelles ils tirent par les dittes lettres de change sur eux et leurs commissionnaires en les dittes villes de La Rochelle, Bourdeaux et Nantes pour les acquiter ; ce que venant à manquer dans le temps porté par les dittes lettres, leur crédit pourroit venir à diminuer, ce qu'ayant notable intérest d'empescher, ils ont résolu entreux d'y pourvoir avecq ledit Tardy. Mais sur ce qu'il leur a déclaré qu'il n'avoit pas d'autre voye pour faire tenir leurs dittes despesches en les dittes villes que celle dudit postillon de Sainctes, qui est la mesme qui a toujours esté, ils luy ont au mesme instant proposé de tenir un postillon à ses despans, en sa maison, qu'il sera tenu de faire partir deux fois la semaine de cette ditte ville pour aller audit Sainctes y porter leurs despesches, scavoir le mardy et le vendredy à l'heure de midy précisement de chacun des ditz jours, moyennant qu'ils luy ont offert et s'obligent de luy donner quatre solz pour chacune lettre simple et pour chacun pacquet à proportion de leur pezanteur, ce que ledit Tardy a accepté et promis à chacun des dits jours et heure cy dessus esnoncés de faire partir un postillon dudit Cognac pour aller en ladite ville de Xaintes porter les lettres et despesches desditz sieurs Laisné, Richard, Bertrand, Vitet, Brun, Babin, Pelluchon, Roux, Broussard, Prévost et Brunet, aux offres et conditions par eux offertes de quatre solz pour chacune lettre simple et pour chacun pacquet à proportion de leur pezanteur. — Fait et passé audit Cougnac, maison de Nouveau, l'un des notaires royaux soussignés, l'an et jour susdits, et ont tous signé, J. LAISSÉ. RICHARD. H. BERTRAND. F. VITET. J. BRUN. BABIN. TARDY. JACQUES PELLUCHON. GÉDÉON ROUX. J. BROUSSARD. J. PRÉVOST. I. BRUNET. ROUX, notaire royal. NOUVEAU, notaire royal héréditaire. »

∵

« Aujourd'huy cinquiesme décembre mil six cens soixante dix, après midy, a comparu... Jean Tardy, maistre du bureau de la poste de cette ville de Cougnac en celle de Paris, quy a desclaré que le jour d'hier, environ les cinq heures du soir, il luy fut apporté par Gabriel Ollivier, postillon du sieur Sorlain, maistre du bureau de la poste de la ville de Xaintes, un sacq de cuir fermé d'un cadenat dont ledit Tardy a une clef, avecq laquelle ayant faict ouverture dudit cadenat et ensuitte dudit sacq, il en tira un gros pacquet de

ne sont si rares que parce qu'on ne se donne pas la peine de les chercher. Celui de nos collègues qui voudra bien étudier avec l'attention qu'il mérite le volumineux copie de lettres de Bru-

---

papiers lyé de fisselle quy passoit dessus et dessoubs ledit pacquet et aux deux bouts d'icelluy, ledit pacquet cachetté d'un seul cachet de sire d'Espaigne à l'androit où la fisselle quy le lioit aboutissoit et sur lequel estoit escript les notes quy suivent : *Pour les affaires du roy. A monsieur Pajot, conseillier du roy et maistre des courriers, à Paris,* et ensuitte estoit signé : *Sorlain*; lequel dit pacquet estoit mouillé à un coin, d'un bout le papier estant deschiré, y ayant de plus audit coin à l'androit mouillé un petit trou quy persoit l'envelop dudit pacquet, par lequel il estoit fasille d'y mettre le bout du doit; et parce que, par pacte verbal quy est entre lesditz Tardy et Sorlain, icelluy sieur Tardy est obligé de rendre les despesches quy viennent dudit Xainte pour Paris bien conditionnée despuis Cougnac jusqu'à Saint Sibardeau, et qu'il est à craindre que ledit pacquet duquel il est cy dessus parlé ou quoyque s'en soit le trou quy estoit à icelluy ne s'agrandisse au moyen de ce que le papier dans lequel ledit trou est fait est beaucoup altéré et destrampé, et que de là il apréande qu'on pouvoit soupsonner le postillon entre les mains duquel il a dépozées cejourd'huy ledit pacquet, il m'a requis me voulloir avecq luy et les tesmoins bas nommés, transporter au domisille de Pierre et Denis Bonnet, advocat et procureur au siège royal de Cougnac, en prézance desquels il a desclaré avoir faict ouverture dudit sacq de cuir et tiré d'icelluy ledit pacquet quy se trouva au mesme estat qu'il a desclaré. A quoy inclinant et nous estant ensemblemant transportés aux domisilles des dits Bonnet quy demeurent en mesme maison, ledit Tardy leur ayant faict antandre le subjet de nostre transport, ilz nous ont unanimemant respondu que, le jour d'hier, quatriesme du présant mois, sur les cinq heure du soir, ilz estoient dans la maison dudit Tardy, en laquelle survient un jeune garson quy pouvoit estre âgé de quinze à seize ans, ayant un sacq de cuir sur le dos, dans lequel ledit garson dit estre les dépesches de Xainte pour Paris quy luy avoient estés dépozés par ledit sieur Sorlain pour les aporter audit sieur Tardy, lequel sacq estoit fermé avecq un cadenat que ledit sieur Tardy ouvrit avecq une pettite clef, en tira un gros pacquet de papiers fissellé dessus, dessoubz, aux cottés et aux boutz et cachetté sur le dessoubz où la fisselle aboutissoit d'un cachet de sire d'Espaigne, et sur lequel estoit escript en ses termes : *Pour les affaires du roy. A monsieur Pajot, maistre des courriers de Paris. Sorlain;* et estoit ledit pacquet mouillé à un coin d'icelluy, y ayant audit coin un trou dans lequel l'on y eust peu mettre le bout du doit et jugent lesditz Bonnet que ledit trou avoit esté causé et faict par la pluye quy avoit pénettré le papier, estant autour dudit trou moityé mangé, ce quy obligea ledit Tardy d'appeller ledit Gabriel Ollivier, garson envoyé par ledit sieur Sorlain, auquel il présenta ledit pacquet et luy fit remarquer en l'estat auquel ledit pacquet estoit ; dont et de ce que dessus ledit sieur Tardy a requis acte que luy ay octroyé, en prézance de Jean Sarrazin et Jean Blanvilain, praticien, demeurantz audit Cougnac, tesmoings requis, qui ont avecq lesdits Tardy et Bonnet signé. TARDY. BONNET. BONNET. SARRAZIN. BLANVILAIN. NOUVEAU, *notaire royal héréditaire.* »

.·.

« Aujourd'huy seiziesme de janvier mil six cens soixante treize, sur les dix heures du matin, a comparu en personne le sieur François Tardy, marchant, demeurant en cette ville de Cougnac, et procureur fondé de procuration spécialle de M. Claude Aymer, conseiller du roy et maistre des courriers de Poitou, et icelluy substitué de M. Lazare Palin, bourgeois de Paris, adjudicataire général des bureaux de la poste de France pour faire la régie du bureau de la poste de ladite ville de Cougnac et perception et distribution des pacquets quy tumbent dans les bureaux de Cougnac par les courriers de Paris, Bourdeaux, La Rochelle et autres androits ; lequel m'a dit et déclaré que, par les deux ordinaires derniers, le messager porteur des lettres et pacquets quy tumbent dans le bureau de la poste de Xaintes et quy viennent de Bourdeaux, La Rochelle, Nantes et ailleurs, passant par les mains du sieur Sorlin,

net et nous en donnera une be   synthèse dans la *Revue*, nous
apprendra, entre mille détails e.   x sur le commerce au XVIIIᵉ
siècle, comment les négociant   ...ognac furent aux prises

---

maistre de la poste de ladite ville de Xaintes, luy auroit rendu et aporté lesdits pacquets descachetés et ouverts, et les lettres taxées par ledit Sorlin, ainsy qu'il en est demeuré d'accord par ses lettres d'anvoy avoir fait lesdites taxes. Et d'autant que ledit Sorlin n'a aucun droit de descacheter lesdits pacquets, et que beaucoup de personnes se sont plaints audit sieur Tardy d'avoir perdu des lettres quy leur avoient esté escriptes par cette voix, dont le sieur Tardy a donné advis audit sieur Aymier, lequel, sur sa lettre missive du unze du courant, luy a donné ordre de faire faire procès verbal et atestation en forme de l'estat des pacquets qu'il recevroit passant par les mains dudit sieur Sorlin et venant desdites villes de Bourdeaux, La Rochelle, Xaintes, Nantes et autres androits, afin de rendre ledit sieur Sorlin responsable de ses dommages et intérêts et du préjudice que le public souffre de sa manière d'agir en descachetant lesdits pacquets, dont il n'a aucun droit ny pouvoir, il a prié et a requis moy notaire royal soussigné et tesmoins bas nommés nous voulloir avecq luy transporter en sa maison audit Cougnac, où il tient et exerce le bureau de ladite poste, pour assister et estre présent à l'arrivée dudit messager de Xaintes et estre par nous fait procès verbal et luy estre donné atestation en forme de l'estat des pacquets quy se trouveroient estant tumbés dans ledit bureau de Xaintes, et entre les mains dudit sieur Sorlin, desdites villes de Bourdeaux, La Rochelle, Xaintes et ailleurs, pour la présente ville, pour y estre distribués par le sieur Tardy ; le tout pour valoir et servir auxdits sieurs Aymer et Tardy ce que de raison ; ce que nous lui aurions acordé. Et auxdits lieux, sur l'heure de unze à douze, seroit arrivé dans ledit bureau le [sieur] François Cloumeau, demeurant audit Xaintes, et porteur ordinaire des pacquets de la dite ville de Xaintes, envoyé par ledit Sorlin, ayant un sacq de cuir fermant avecq un cadenat à clefs, dont l'une est entre les mains pour la fermer dudit Sorlin et l'autre entre les mains dudit sieur Tardy pour l'ouvrir ; lequel sacq ayant esté délivré par ledit Cloumeau au sieur Tardy et par luy ouvert en nostre présance et des personnes sy après nommées quy se sont aussy trouvées à l'ouverture des dits paquets en espérant d'avoir des letres, il c'est trouvé dans ledit sacq un gros pacquet pour Paris, lié avecq de la fisselle et cacheté d'un cachet aux armes du roy en sire noire, et au dessus y a escrit en cinq androits *Paris* et un androit *Sorlin*. Plus ung autre petit paquet aussy lié avecq des cordes et scellé du mesme cachet, et au dessus y a escrit en deux androits *Angoulème* et *Sorlin*. Plus un autre paquet lié avecq de la fisselle et scellé du mesme cachet ; au dessus est escrit deux fois : *Cognac*, et plus bas : *Part à six heures, Sorlin* ; lequel pacquet a esté ouvert par ledit sieur Tardy, et c'est trouvé dans icelluy un pacquet de letres couvert de papier et lié d'une petite corde, le cachet en cire rouge hosté et sans que lesdites cordes soient scellées, mais seullemant nouées et paroist qu'il y avoit un cachet sur ladite corde par la cire rouge quy est demeurée, au dessus duquel pacquet est escrit deux fois *Cougnac* et plus bas *de La Rochelle, Aymer* ; dans lequel paquet sont trouvées dix neuf lettres, dont dix huit d'icelles sont taxées adroissantes à plusieurs particulliers de ladite ville et des lieux circonvoisins, et la dix neufiesme adressée au sieur Tardy sans estre taxée. Plus un autre petit paquet sans couverture ataché d'une corde nouée sans cachet où se sont trouvées treize letres, y compris la letre d'avis escrite de Bourdeaux le treize du présent mois, signée : Nugent, lesquelles letres sont taxées, à l'exception de ladite letre d'avis et de deux autres pour les pères récollets de la présente ville, adroissantes les dites letres à plusieurs particuliers de la présente ville et és environs. Plus dans le mesme paquet sont trouvés le nombre de dix neuf lettres adroissantes aussy à plusieurs particulliers, dont il y en a douze taxées et les sept autres adressantes à des religieux non taxées. Et dans le mesme sacq se sont trouvées cinq letres savoir deux pour Orléans, une pour Poitiers, une autre pour Tours et l'autre pour Blaye, lesquelles letres et paquets ont esté reçues par le sieur Tardy sous les protestations par luy cy dessus faites et autres que de droit... Fait et passé en ladite maison dudit sieur Tardy, en présence de Adam Daniaud, es-

avec la rapacité des capitaines de navire hollandais qui venaient charger leurs marchandises à Charente, pour les faire voyager sous pavillon neutre, pendant la guerre de la succession d'Autriche. Le commerce de ces vins blancs des Borderies, dont les Hollandais étaient si friands, était alors à son apogée; voici bien longtemps qu'il s'est perdu par la fraude qui ne désarme jamais. Les lettres de Pline nous montrent les vins de la Gaule narbonnaise arrivant falsifiés sur la table des Romains, et Brunet appelle « gens scabreux » ceux que l'argot de notre temps a flétris du nom de caroteurs. Énumérant à un correspondant les celliers « qu'il couche en joue pour lui », il ajoute : « J'y joindrai les bons vins de Mme de Bremond. » Le regretté Théophile de Bremond d'Ars à qui je citais un jour ce passage m'a dit que les négociants qui achetaient ces vins à sa famille les expédiaient en Hollande dans des bouteilles aux armes de Bremond. Il doit bien y en avoir encore quelques unes dans les greniers d'Amsterdam; avis aux collectionneurs d'ancienne verrerie.

Oui, il dépend de nous, car vouloir c'est pouvoir, que la Saintonge ait une histoire complète et bien documentée de son commerce et de son industrie, depuis l'eau-de-vie de Cognac jusqu'au massepain de Clion, depuis la moutarde de Jarnac jusqu'au biscuit de Cozes, depuis l'huitre de Marennes jusqu'à l'épingle de Barbezieux.

Réveillaud, curé de Saint-Pierre de Saintes, voyageant en voiture publique, disait à son voisin : « Ah! vous êtes de Barbezieux ! J'ai été vicaire là-bas dans ma jeunesse : dites-moi donc si on y fait toujours des épingles ; de mon temps, tout le monde en faisait. » Il est de fait que, lorsqu'on dépouille les minutes des notaires et les registres paroissiaux, on est amené à cette conclusion que, dans cette petite ville qui ne devait guère compter plus de 2.500 habitants, une notable partie de la population devait tirer sa subsistance de la fabrication des « dards légers », comme les appelait le didactique Delille ; il y a eu aussi des épingliers à Baignes, à Cognac et, je crois, à Montpellier en Saintonge. Écrivons l'histoire de ces modestes industriels, et quel que soit le sujet que nous ayions à traiter dans notre vaste enquête sur le passé, souvenons-nous toujours d'un mot profond de Diderot : « Ne fit-on que des épingles, il faut être enthousiaste de son art. »

---

cuyer, sieur des Fontenelles, Jacques Peluchon, sieur des Touches, bourgeois et échevin dudit Cognac, du sieur Louis Babin, marchant et bourgeois dudit Cognac, maistre François Cothu, advocat en la cour, Louis Cothu, marchand, demeurant audit Cognac, du sieur Michel Lavalin, marchand ybernois, demeurant audit Cognac, en la maison du sieur Tardy, tesmoins requis, et encore dudit Chumeau quy a desclaré ne savoir signer, de ce anquis. TARDY. DANIAUD. MILCHER LAVALLAN. BABIN. JACQUES PELLECHON. COTHU. COTHU. NOUVEAU, *notaire royal héréditaire.*

Ledit jour j'ay retiré la lettre d'avis dudit sieur Aymer, cy dessus narrée. TARDY.

Controllé à Cognac, le seiziesme janvier 1673. CAILLOUR. »

En 1876, Boucheric, professeur au lycée de Montpellier, a publié dans la *Revue des langues romanes* avec tirage à part, édité à Paris chez Maisonneuve, in-8°, 15 pages, sous ce titre : *Une colonie limousine en Saintonge*, une bien curieuse étude philologique sur les habitants d'une très petite commune de l'arrondissement de Barbezieux, Saint-Eutrope de Montmoreau. Les registres paroissiaux, qui remontent à 1668, permettraient à un travailleur, qui pourrait y séjourner un peu, de recueillir des détails précis sur l'origine de la seule industrie qui existe de temps immémorial dans cette colonie, la poterie. N'y a-t-on pas fabriqué, n'y fabrique-t-on pas encore des ponnes ? le nom « ponnier » ne se trouve-t-il pas dans les registres ? Quoi qu'il en soit, il y a dans la Charente des fabricants de ponnes. Nos collègues d'Angoulême voudraient-ils bien faire une recherche dans les vieux journaux pour voir s'il y est fait mention d'un joli mot de la duchesse d'Orléans, lors de son passage dans cette ville ? Voici l'incident tel que je l'ai entendu raconter : Tous les maires du département avaient été convoqués à la préfecture. La taille colossale de l'un d'eux, qu'on m'a dit se nommer Penot, ayant attiré l'attention de la duchesse, elle lui demanda quelle commune il administrait et quelle était l'industrie du pays. « Madame, dit Penot, je suis maire d'Alloue, nous fabriquons des ponnes. » Ce mot ne lui disant rien, elle interrogea le préfet qui resta muet, aussi bien que le secrétaire général. Un conseiller de préfecture, qui était du pays, lui dit : « On appelle ponne des cuviers de terre qui servent à faire la lessive. » — « Eh ! bien, monsieur le maire, quand nous ferons la lessive, nous achéterons des ponnes chez vous. »

Nous avons quelques bonnes monographies sur les faïences angoumoisines, saintongeaises et aunisiennes ; mais il reste encore beaucoup à faire ;

Car ce champ ne se peut tellement moissonner
Que les derniers venus n'y trouvent à glaner.

Nous ne savons rien ou presque rien de la faïencerie de Baignes qui existait avant la révolution, ni de celle de La Forêt, commune d'Oriolles, où le vieux Merle, comme je l'ai entendu appeler, avait allumé son four. Ils ont droit à toute notre sollicitude, ces faïenciers populaires qui nous ont laissé des enseignes en miniature d'une adorable naïveté. N'est-ce pas une enseigne de buveur que ce pichet de Jean Fradon qui veut que la postérité soit instruite de ses relations suivies avec Bacchus? Et que dire de cette autre enseigne : *Bouquet, tailleur*, avec cette légende : « Ma femme, mon carreau. — Prens garde, il est chaud. » Elle se trouve sur un plat qui est tout un poème et qui appartient à mon excellent ami Louis-Philippe Couraud, le grand collectionneur cognaçais, celui-là même qui a su dénicher l'étiquette du sel polychreste de Seignette et la vignette du café Fleury. Pour plus ample description, je lui laisse la parole : « Bouquet sur un établi bas, les jambes croisées, tenant une culotte, un rouleau d'étoffe sur l'établi avec un peloton de fil, une paire de ciseaux et un dé à coudre. Sa femme lui présente le carreau au bout d'une demi-aune; elle a un pichet dans l'autre main. Je crois cette pièce saintongeaise par les palmettes qui se trouvent sur le marly. »

Eh! certainement ce plat est saintongeais; le pichet n'est-il pas là? Nous sommes dans l'admirable pays qui a inspiré cette strophe à notre vieux poète cognaçais, Bertrand Bernard de Javerzac, dans *L'entière description de la ville de Cougnac* (Saintes, Bichon, 1625, in-12, 24 pages), dont le seul exemplaire connu est à la bibliothèque de Cognac:

> Icy la prodigue Cérès,
> Par les païsans adorée,
> Fait naître une moisson dorée
> De la graisse de nos guérets.
> Le vin y croist en abondance
> Et y surpasse en excellence
> Le meilleur cru de Frontignac,
> Et Bacchus, ce parfait yvrongne,
> N'aime à pindre sa rouge trongne
> Que du vermillon de Cougnac.

Est-il bien vrai qu'elle soit rouge, la trogne de Bacchus? C'est un point à débattre. J'ai entendu chanter, il y a plus de trente ans, une chanson qui était alors dans toute sa vogue, et j'ai retenu ceci:

> On dit que je suis un ivrogne
> Et l'on m'accuse d'avoir pris
> Pour enseigne ma rouge trogne.
> Est-on rouge quand on est gris?

.•.

Il s'en faut que nos érudits aient dit le dernier mot sur les cartes à jouer d'Angoulême et j'ai vu chez un brocanteur de La Rochelle une carte portant le nom de cette ville sans nom de fabricant; encore un sujet à traiter. Et les papeteries? je me bornerai à en citer une, celle de Boussac, commune de Richemont, près Cognac, où Meaume, l'imprimeur de Saintes, s'approvisionna pour les *Recherches topographiques, historiques, militaires et critiques sur les antiquités gauloises et romaines de la province de Saintonge*, par Bourignon. Le mot *Boussac* se lit dans le papier. Dans son *Essai sur l'Imprimerie*, notre savant président nous a beaucoup appris sur les typographes saintongeais et aunisiens, et les communications faites à la *Revue* ont ajouté à ses recherches; mais il y a encore à apprendre sur ce sujet si important.

Quant à l'histoire de nos lithographes, elle est encore en projet, et on a, je le crains, un peu trop attendu. Pour n'en citer qu'un exemple, une histoire de l'imprimerie, de la lithographie,

des affiches illustrées et des enseignes à Royan, autrefois bour-
gade de pêcheurs, aujourd'hui l'une des reines de l'Océan, serait
intéressante ; mais il n'est que temps de s'en occuper. Voilà
pour les industries connues de tout le monde ; mais, comme
disait Sainte-Beuve, parlant des petits poètes : « La Seine n'em-
pêche pas la Marne d'exister et de couler. » Il y a des petits
métiers comme il y a des petits poètes. J'ai vu, dans un acte
notarié du commencement du xviiiᵉ siècle, les laitières de Châ-
teaubernard confectionnant les caillebottes qui sont si bonnes
avec un peu de sucre et une larme de cognac. Se serait-on douté
qu'il y avait vers 1750, dans un village de notre région, un tailleur pour femmes ? J'en ai trouvé la preuve dans une pièce que
j'ai eue en ma possession.

Dans cette entreprise qui exigera les efforts de tous nos collaborateurs, il y a deux parts à faire : le passé, et le présent
qui prépare l'avenir. C'est surtout dans les dépôts publics, archives et bibliothèques, et dans les études de notaires que nous
trouverons les documents anciens. Voilà une assurance contre
l'encombrement ; et d'ailleurs les collectionneurs ne rencontrent
pas tous les jours une pièce comme l'étiquette de Seignette ou
bien encore comme ce prospectus de drapier du xviiiᵉ siècle,
malheureusement incomplet du commencement, mais où l'on
voit adhérent au papier un échantillon de drap écarlate, ni plus
ni moins que dans les catalogues du *Printemps* et de l'*Old
england*.

Mais que ferons-nous de ces collections de journaux de plus
en plus nombreux qui se publient dans les deux Charentes, de
ces prospectus dont le facteur nous inonde tous les matins, de
ces réclames que les camelots nous mettent malgré nous dans
la main sur le boulevard ? Il est évident qu'avant longtemps
nous serons chassés de chez nous, si nous voulons empiler sans
aucun choix cette avalanche de périodiques et ne pas faire de
triage dans les affiches de déballage, programmes d'hercules de
la foire et réclames de dentistes ambulants. Sur ce point, que
le mot de Talleyrand : « Pas de zèle » devienne notre règle de
conduite. Quand les bibliothèques publiques seront trop bondées
de livres pour pouvoir accepter les journaux qu'on voudra leur
offrir, donnons-les à des dépôts moins encombrés, ou bien ar-
mons-nous journellement de ciseaux pour y couper les articles et
entrefilets utiles à conserver. Quant aux feuilles volantes, faisons
un choix intelligent et n'attendons pas qu'une pièce documen-
taire soit devenue trop rare pour nous la procurer, si nous ne
l'avons pas saisie au passage. Le collectionneur avisé discerne
au moment opportun ce qui, dans le fumier d'aujourd'hui, sera
perle demain ; il sait que les affiches de librairie dessinées par un
débutant qui se nommait Meissonnier valent au moins le poids
de l'or et qu'il y avait à Cahors une maison Gambetta dont les
factures d'épicerie sont devenues un objet de curiosité. Si nos
joyeux ancêtres qui chantaient avec tant de verve, vers l'an
de grâce 1818, les couplets plus haut cités, avaient pu, dans

leur délire, songer un seul instant aux futurs travaux de la société des *Archives*, ils se seraient écriés:

> Ne me parlez pas
>   De ce fatras
> De papiers sans valeur aucune
> Qu'en grand désordre on entassa.
> Sur cent pièces, n'en gardez qu'une,
> Et vous aurez une fortune.
> Parlez-moi de ça, parlez-moi de ça.

Nous n'en devrons pas moins faire une très large part à l'iconographie locale, et ne jamais perdre de vue que l'image est appelée à jouer un grand rôle dans l'histoire documentée, la seule qui soit vraie. Le résultat de la vente Champfleury nous a appris que tôt ou tard la chrysalide devient papillon et qu'il ne faut pas déchirer une image d'un sou. Quelque vulgaire que nous paraisse une gravure ou une lithographie, classons-la dans nos cartons, si elle donne la physionomie exacte d'un établissement commercial qui n'existera pas toujours ou d'un quartier qui peut un jour ou l'autre être démoli ou incendié.

Les numismates prisent peu, et avec raison, ces jetons d'adresse qui ne font pas bonne figure à côté d'une belle médaille romaine ; il n'en n'est pas moins vrai que le temps leur donne de la valeur. De vieux jetons parisiens : *A la teste noire*, *A l'espérance*, sont recherchés dans les ventes, parce qu'on y trouve le souvenir d'enseignes et d'industries disparues ; de même, celui qui, en 2097, possèdera le jeton de cuivre de Babonneau, aura une pièce curieuse qui ne lui apprendra pas seulement que ce négociant vendait des soieries et des nouveautés ; il y lira aussi : « *Aux fabriques de France*: foires impériales de Châteauneuf (Charente) des 16, 17 et 18 mai 1869 » ; il ne sera pas facile alors de trouver dans les journaux le compte rendu de leur inauguration.

La fabrication des futailles se lie au commerce des eaux-de-vie. On saura un jour, grâce à une plaque de cuivre ovale, lisse au revers, qu'il y a eu à Cognac une tonnellerie mécanique ; elle fonctionnait au faubourg Saint-Martin. On lit sur cette plaque, en légende circulaire : « Tonnellerie mécanique. Cognac », et dans le champ : « Breveté S. G. D. G. »

Comment pourrait-on s'étonner de la grande quantité de petits bibelots vendus au mois d'octobre dernier dans les rues de Paris lors du passage de l'empereur et de l'impératrice de Russie, et qui sont déjà fort recherchés, lorsqu'on saura qu'à Cognac les fêtes et le concours de musique des 8, 9, 10 et 11 mai 1879, à l'occasion de l'inauguration des foires nationales, donnèrent lieu à huit médailles que j'ai sous les yeux ? Je les ai recueillies sur-le-champ, et encore ne suis-je pas sûr d'avoir la série complète. Ces petits monuments présentent un décor polychrome très agréable à l'œil ; ils sont variés de métal et de module ; les uns sont montés en broche, d'autres ont une bélière; il en est un sous verre dont la légende est imprimée sur fond tricolore. Encore des enseignes en miniature.

Le vagabond qui, interrogé par le président de la sixième chambre sur ses moyens d'existence, fit cette réponse célèbre : « Mon président, je vends des morceaux de verre noircis aux personnes désireuses d'observer les éclipses solaires; mais, ce qui me tue, c'est la morte saison qu'il y a dans cette partie », n'avait pas besoin d'enseigne pour ce genre de commerce. Mais il y a eu, et il y a peut-être encore aujourd'hui dans les campagnes, des réclames singulières, ordinairement manuscrites, placardées sur les murs et aux portes des mairies. Ces enseignes éphémères, qui n'ont laissé aucun souvenir, sont des documents rares et curieux qu'il faut publier, parce que, dans leur forme incorrecte, ils apportent une contribution utile à l'étude du langage et des mœurs. Voici, à l'appui de mon dire, deux affiches tirées de ma collection d'autographes.

On sait qu'un préjugé populaire attribue au septième enfant d'une famille le pouvoir de guérir certaines maladies, notamment les écrouelles. Or, voici en quels termes un sieur Delezay faisait appel au public, sous la restauration, dans une affiche sur papier de 25 centimes, avec le timbre supplémentaire créé par la loi de 1816, qui fut placardée à la porte d'une mairie du département des Deux-Sèvres. Un passant, qui la mit dans sa poche après l'avoir lue, m'en fit cadeau cinquante ans après :

Avis

Le public est prevenus que le nommé Louis Delezay, demeurant aux village de Mande-gault, commune de Mellerant, comme étant le sept yieme né quil a lonneur de gérir ceux qui sont ataqué d'un mal nommé umeur froit ou écruelles et plusieur autre mal quil a géris depuis dix hans qu'il a parfaitement bien réusis ; ceux qui oron besoins de luy n'oron que de se transporter chez luy, il prandra tous les moyen posible pour les gérir. Ceux qui voudrons lonorer de leur confianse en seron toujours bien satisfait.

Jai lonneur dêtre, avec une parfaitte consideration votre très unble et obeissant serviteur.

Louis Delezay.

Qu'un rebouteur qui se vante de guérir les entorses en donne une au style et une autre à l'orthographe, c'est dans l'ordre; mais ces entorses là, qui les guérira? Ce ne sera certainement pas l'instituteur Morain qui, en 1817, se recommande à la confiance des parents dans cette autre affiche, timbrée comme la précédente et placardée dans la commune de Lignières, arrondissement de Cognac. Je prie le compositeur de ne pas nous faire grâce d'un accent :

A VIS AUX PUBLIC

Messieur

J'ai l'honneur de prevenir tous les habitant qui voudront envoyer leurs enfants à lecollé a moi dit Morain j'ai promai, de leur donner dé lesçons dé lecture dé écriture, daritmétique et que jai fairai tous mes efforts pour justifier la confiance du commité ainsi que cellé des respéctables parants qui voudront avoir confiance pour leur enfants jouvrirai mon Ecollé le trois 9bre prochain et j'y recevrai gratuitement les enfants des pauvre qui seront attestai tele par monsieur le maire.

A. lignière le premier novembre 1817.

> MORAIN, *instituteur de ligniere et Sonneville.*

Ce fut vers cette époque qu'un ancien militaire, à qui les guerres de la révolution et de l'empire n'avaient pas appris la grammaire, fonda à Cognac une école légendaire. Un jour qu'un enfant lui disait : « J'ai fini ma page d'écriture », il s'empara d'un dictionnaire, le consulta fiévreusement et, le mettant sous les yeux de l'infortuné, il s'écria, en lui pinçant l'oreille comme jamais Napoléon ne pinça celle d'un grognard de la vieille garde : « Ah ! polisson, tu ne sais donc pas que « page » est un substantif masculin ? » A la même époque, un troupier en demi-solde, devenu professeur au collège de Saintes, pariait cent sous avec un de ses élèves que *dolor* était féminin, puisqu'on disait *la douleur.*

Une rectification : A Cognac, le café Maisonneuve n'était pas situé grand'rue, comme je l'ai dit, mais bien rue Madelaine, dans la vieille maison renaissance, qui fut, d'après la tradition, habitée par Andrée Lignaige, nourrice de François Ier.

JULES PELLISSON.

La Rochelle, Imprimerie Nouvelle Noël Texier, 29, rue des Saintes-Claires.